My First Greek
Fruits & Snacks

Picture Book with English Translations

Published By: AuthorUnlock.com

Fruits

μήλο

Apple

μπανάνα

Banana

κεράσι

Cherry

καρύδα

Coconut

σύκο

Fig

γκρέιπφρούτ

Grapefruit

σταφύλια

Grapes

ακτινίδια

Kiwi

λεμόνι

Lemon

λυκείο

Lychee

μάνγκο

Mango

ΠΕΠΠΌΝΙ

Melon

πορτοκάλι

Orange

παπάγια

Papaya

ροδάκινο

Peach

αχλάδι

Pear

αvαvάς

Pineapple

δαμάσκηνο

Plum

σμέουρο

Raspberry

φράουλα

Strawberry

Snacks

μπισκότο

Biscuit

ψωμί

Bread

βούτυρο

Butter

τούρτα

Cake

τυρί

Cheese

πατατάκια

Chips

σοκολάτα

Chocolate

αυγά

Eggs

χάμπουργκερ

Hamburger

μέλι

Honey

παγωτό

Ice Cream

μαρμελάδα

Jam

πίτσα

Pizza

σάντουιτς

Sandwich

σούπα

Soup

ΤΟΣΤ

Toast

γιαούρτι

Yogurt